Vom Fliegenpilz und seinen Freunden

Vorwort:

Dieses Buch schrieb und illustrierte mein Vater, Hans-Martin Pesch-Vogel von Vogelstein, im Jahre 1984 für mich. Leider verstarb mein Vater schon sehr früh. Das Buch war und ist für mich immer ein Hilfsmittel zur liebevollen Erinnerung an einen sehr besonderen Menschen. Gerne denke ich daran zurück, wie ich durch meinen Vater mit dem Fliegenpilz und seinen Freunden den Wald entdeckte.

Jetzt bin ich selber Vater und nahm diesen Umstand zum Anlass, die Geschichte als Buch zu veröffentlichen. Änderungen wurden dabei weitestgehend nicht vorgenommen. Das ist Buch ist so, wie mein Vater es im Jahr 1984 schrieb und illustrierte.

Ich hoffe, dass auch ihr Gefallen an diesem Buch findet und ähnlich begeistert den kleinen Fliegenpilz begleitet.

Ich möchte mich an dieser Stelle bei all den lieben Menschen bedanken, ohne deren Hilfe ich die Veröffentlichung nicht hätte realisieren können. Ein besonderer Dank geht an meine Frau, Marie-Christine.

Johann Christoph Vogel von Vogelstein
Burg Kendenich, Oktober 2010

Inhalt

Der Fliegenpilz

In einem großen Wald mit vielen Tieren, Pflanzen, Bäumen und Sträuchern lebte der kleine Fliegenpilz.

Ein jeder sah gleich, dass er fünf Jahre alt war, denn er hatte fünf weiße Punkte auf seinem Rücken.

Wie alle Kinder, zeigte sich der kleine Fliegenpilz sehr neugierig.

Den ganzen Tag spazierte er im Wald herum, schaute genau hin, prüfte und lernte. Zum Glück erlaubten sein Vater und seine Mutter dieses Wandern und Herumstreifen, solange der kleine Fliegenpilz vorsichtig war, nicht zu nahe an den Fluss ging oder auf zu hohe Berge kletterte.

Und weil der kleine Fliegenpilz seine Eltern sehr lieb hatte, brachte er meistens eine hübsche Blume, einen funkelnden Stein oder ein Blatt voll schöner Farben nach Hause mit.

Das ängstliche Kaninchen

Eines Morgens ging der kleine Fliegenpilz erneut durch den Wald.

»Ein sonniger Tag«, dachte er, »wie lustig die Vögel singen, zwitschern und plappern!«

Und er fasste den Entschluss, an den Bach zu schlendern und dort die Forellen, Stichlinge und Wasserkäfer zu beobachten. Mitten auf dem Wege aber hörte der kleine Fliegenpilz jemanden weinen, klagen und laut jammern.

Da vergaß er den Bach und wandte sich voller

Hilfsbereitschaft dem traurigen Waldbewohner zu, der hinter einem Haselnussstrauch saß.

Es war ein graues Kaninchen.

»Was ist denn los, weshalb plagt dich solch ein Kummer? Willst du mir nicht alles erzählen?« fragte der kleine Fliegenpilz und das Kaninchen – froh, dass einer sich um es kümmerte – begann sofort herauszusprudeln: » Der Fuchs, der Fuchs! Er hat überall gesagt, dass er mich fressen will. Wie soll ich schwaches Kaninchen mich wehren? Der Fuchs braucht mich ja nicht einmal zu jagen und zu fangen, nein, wenn ich aus dem Hause gehe, um Möhrchen zu suchen oder Wasser zu trinken, dann sitzt er vor der Tür, schnappt mich und dann, dann ... «

Das Kaninchen schaffte es nicht mehr weiterzureden, es plärrte, heulte und schniefte so laut, dass sich die Vögel und Eichhörnchen die Ohren zuhielten.

Lange dachte der kleine Fliegenpilz nach. »Ich hab's!« rief er plötzlich, und nachdem er das Kaninchen etwas beruhigt hatte, machte er einen klugen Vorschlag: » Du« meinte er, »ich stelle mich künftig genau vor deine Haustür und rühre mich nicht vom Fleck. Sollte der Fuchs erscheinen und dir drohen, sollte er dich ernsthaft angreifen oder gar fressen wollen, dann bin ich bei dir und schütze dich. Der wird sich hüten! Alle Tiere und besonders der schlaue Fuchs wissen genau, wie giftig ich bin und nur sehr dumme Menschen stecken mich in den Kochtopf und wundern sich, wenn sie im Krankenhaus erwachen. Also, ich bin gleich wieder zurück. Bleib, wo du bist.«

Der kleine Fliegenpilz rannte heim, berichtete seinen Eltern von der ganzen Geschichte und durfte von diesem Tag an beim Kaninchen wache halten. So stand er vor dessen recht feinem Haus, das sich zwischen einer riesigen Fichte und einem Haselnussstrauch befand.

Das ängstliche Kaninchen

Rote Karte

An einem der folgenden Morgen hatte der Briefträger ein Schreiben für den kleinen Fliegenpilz. Ach, du kennst den Briefträger nicht? Es war der Rabe, der allen Tieren täglich die Post ins Haus brachte.

Eilig öffnete der kleine Fliegenpilz den Umschlag, denn er war schon sehr neugierig, wer ihm da so Wichtiges mitzuteilen hatte.

Er las: »Ich lade dich zu meinem Geburtstag ein. Es gibt leckere Sachen zu essen und zu trinken und nach dem wir gespeist haben, soll ein Fußballspiel stattfinden.

Bist du vielleicht so freundlich, Schiedsrichter zu sein? Dein kleiner Champignon.«

Na, es ist ja ganz klar, dass sich unser Pilz freute und gerne das Geburtstagsfest besuchte. Als das Essen vorüber war und die Pilze dem Champignon gratuliert und ein Liedchen gesungen hatten, begann das Spiel.

Sofort flog der Ball, eine Haselnuss, vom Steinpilz zum Maroni, von dort zum Bovist, dann zu dem Pfifferling. Hin und her ging's, wie die Fußballer sausten, liefen, dribbelten und sich anstrengten! Bald fiel auch das erste Tor durch den Steinpilz.

»Eins zu null«, verkündete der Schiedsrichter und darüber ärgerte sich der Bovist so sehr, dass er richtig zornig wurde. Beim nächsten Dribbeln stellte er voller Wut dem kleinen Champignon ein Bein, brachte ihn zu Fall und entschuldigte sich nicht einmal, als der Champignon vor Schmerz weinte. »So«, dachte sich der kleine Fliegenpilz »das geht nicht.« Er lief zum Bovist, verneigte sich und rief: »rote Karte!«

Als der Übertäter das sah, schlich er beschämt vom Spielfeld und er nahm sich vor, niemals wieder so unfair zu fußballen.

Das Wettklettern

Rate mal, wer heute Morgen den kleinen Fliegenpilz aufgeweckt hatte. Nein, es war nicht die Sonne, die ihm die Nase kitzelte und nicht das Zwitschern der Vögel. Es war der Lärm, fürchterlicher Lärm, der fast so laut war wie eine Gruppe von Menschenkindern, die herumtobt. »Woher ist nur dieser Krach?« dachte der kleine Fliegenpilz und schaute nach oben. Aha, die Eichhörnchen!

Sie tobten, riefen und schrien nach Leibeskräften und was den Pilz am meisten ärgerte, war ihre Angeberei. »Wir sind die mutigsten, die besten Kletterer, wir klettern schneller als jeder andere!« hieß es da. Na wartet, dachte der kleine Fliegenpilz und so rasch es ging, schrieb er einen Brief und bat den Raben ihn fortzubringen. Am nächsten Tag erhielten die Tiere des Waldes und der Pilz Besuch von pelzigen, lustigen Burschen, die sie noch nie gesehen hatten. »Wer seid ihr denn?« fragten die Eichhörnchen, die für einen Augenblick das Toben beendeten. »Wir sind Koalabären« antworteten die Besucher.

»Wir möchten euch zu einem Wettklettern auffordern« meinten sie, »wir haben nämlich gehört, dass ihr euch für die Besten und Tüchtigsten haltet«. »Das lasst mal hübsch bleiben, ihr gewinnt ja nie«, erwiderten die Eichhörnchen hochmütig. Doch der kleine Fliegenpilz, der wie beim Fußball abermals den Schiedsrichter machte, schlug vor: »Wir nehmen zwei gleich hohe Fichten und wer zuletzt herauf- und heruntergeklettert ist, ist der Sieger«. Damit waren beide, die Eichhörnchen und die Koalabären, einverstanden.

Alle schauten gespannt zu: die Füchslein, der Bovist, die Pilze – kurzum jeder, der im Wald wohnte. Der kleine Fliegenpilz kommandierte »Achtung, fertig, los!« und wie die Blitze sausten die Wettkämpfer die beiden Fichten hoch und herunter. »Unentschieden!« rief der Schiedsrichter und so ging es dreimal: keiner war schneller. »Und wer soll nun der Gewinner sein?« meinte der kleine Champignon ratlos. Die schlaue Eule aber wusste einen Rat: »Jeder steigt bis zu dem dicken Ast dort oben und wer sich dort am längsten festhält, ist der Beste.«

»Gut« sagte der Fliegenpilz. Eichhörnchen und Koalabären kletterten hinauf und klammerten sich mit der ganzen Kraft fest.

Nach zwei, drei Minuten aber begannen die Eichhörnchen zu japsen und zu keuchen und kurz darauf stiegen sie erschöpft und traurig hinab, während die Koalabären weiterhin ruhig und ohne vor Anstrengung zu schwitzen, sich festhielten. »Die Bären sind Sieger« verkündete der kleine Fliegenpilz. Die Eichhörnchen jedoch erkannten, dass es auch anderswo hervorragende Kletterer gibt und so beglückwünschten sie die Koalabären auf das Herzlichste.

In der Stadt

Am nächsten morgen wollten das Kaninchen und der kleine Fliegenpilz eigentlich herumwandern und ein paar Möhren suchen, denn das Kaninchen hatte nur noch eine davon zu Hause. Doch aus dem Spazierengehen wurde leider nichts. Ein Rauschen in der Luft, von mächtigen, großen Flügeln, war zu hören und kurz darauf stand das klügste Tier des Waldes, der Uhu, vor dem Fliegenpilz.

Er sagte:»Die Füchslein brauchen dringend Hilfe. Sie wollten in den Kindergarten, doch die Ampel vor dem Zebrastreifen ist defekt. Nun zeigt sie stets grün für die Autofahrer, die natürlich mit hohem Tempo vorrübersausen. Wie sollen die Füchslein nur sicher über die Straße kommen?« »Ganz einfach!« rief der kleine Fliegenpilz, »bring mich nur zu der Ampel, denn ich kenne eine Möglichkeit, die Wagen zu stoppen.«

Also zeigte der Uhu dem Fliegenpilz den Weg an Bäumen, Sträuchern und Pflanzen vorbei zur

Stadt und zum Fußgängerstreifen. Dort stieg der kleine Fliegenpilz in die Ampel, schaltete grün ab und zeigte sich den Autofahrern. Tatsächlich, es wurde rot und die Menschen bremsten, während die Füchslein über die Kreuzung gingen. Nach zwei, drei Minuten drehte sich

der Pilz um, es leuchtete wieder grün und immer so weiter: rot und grün, rot und grün. So ging es den lieben langen Tag. Was glaubst du, wie müde der kleine Fliegenpilz abends war. Er legte sich sofort ins Bett und schlief ein.

Der Geburtstag

Ein jeder im Wald hatte es schon vor langer Zeit erfahren: morgen sollte das Kaninchen Geburtstag haben und drei Jahre alt werden. Daher rief der kleine Fliegenpilz am Tage zuvor alle mit Hilfe von Briefen, die der Rabe von Haus zu Haus trug, auf den Platz vor dem Haselnussstrauch. »Welches Geschenk machen wir denn?« fragte er, als Tiere, Pflanzen und sogar der langsame Bovist beieinander waren, » was ist denn für das Kaninchen passend?«

Im selben Moment riefen alle durcheinander : »Fleisch«, entgegneten die Füchslein, »Nüsse oder Tannenzapfen«, meinten die Eichhörnchen und sie hätten noch lange die verschiedensten Vorschläge gemacht, wenn nicht die kluge Eule »Ruhe!« geboten und dann aufklärte: » Es steht wohl fest, dass ein Kaninchen ganz besonders gern Möhren mag. Nur: Wo und wie sollen wir die Möhren, unser Geschenk, hinterlegen, damit es keiner stiehlt oder fortnimmt?«. Sie lieferte selbst die Antwort: »Lieber Rabe, fliege mit diesem Brief los und ihr werdet schon sehen«. Dieses Mal dauerte es lange, bis endlich jemand beim Haselnussstrauch eintraf. Es waren die Spinnenkinder, die sich sogleich ans Werk machten. Fleißig und ausdauernd zogen sie einen Faden

zwischen Fichte und Kaninchenhaus und daran hängten sie die Möhren. Am folgendem Morgen lag das Geburtstagskind im Bett, weil es am Vorabend kaum einschlafen konnte, aus lauter Freude und Erwartung. Leise schlichen alle, die Pilze, Vögel und Tiere, an seine Tür. Sogar der Bovist gab sich Mühe, leise zu sein. Dann stellten sich alle im Kreis vor die Tür und sangen:

»Zum Geburtstag viel Glück, zum Geburtstag viel Glück, zum Geburtstag, liebes Kaninchen, zum Geburtstag viel Glück.«

Fast wäre das Kaninchen aus dem Bett gefallen, so laut und freudig sangen die Gratulanten. Vor Begeisterung stürmte es vor sein Haus. »Danke«, murmelte es gerührt, »Vielen .Dank«, wollte es gewiss sagen, doch das ging nicht mehr. Es hatte die Möhren am Spinnenfaden gesehen.

Vor Begeisterung sprang es wie toll herum, schlug Purzelbäume und wurde nicht müde zu rufen: »Möhrchen, hurra, juchheirassa, Möhrchen«. Danach lud es seine Gäste zur Feier ein und bis zum Abend schmausten die Tiere, Pilze und Vögel und es ging dabei sehr fröhlich zu.

Der Pilzsucher

Alle hörten es: ein Knistern und Knacken von Blättern und trockenen Zweigen auf dem Waldboden, geradeso, als ob ein großes, schweres Tier über die Erde und die Fichtennadeln stapfte. Doch Eichhörnchen, Kaninchen und Vögel wussten, dass kein Tier so unvorsichtig und dumm wäre, diesen Lärm zu veranstalten. »Dieser Krach stammt sicher von einem Menschen aus der Stadt«, dachte der kleine Fliegenpilz und richtig: nachdem er behutsam um die Ecke des Haselnussstrauchs geschaut hatte, sah er einen Jungen, der einen Korb in der Hand trug.

»Was er wohl damit vorhat?« fragte sich der Fliegenpilz verwundert. »Wir haben ja noch lange nicht Herbstzeit, in der die Leute von weither in den Wald strömen um Bucheckern oder Nüsse zu sammeln. Und Brombeeren vielleicht? Nein, die wachsen eher am Wegesrand, dort wo die dornigen Sträucher stehen.«

Neugierig folgte der kleine Fliegenpilz dem Buben, der fortwährend nach rechts, nach links, nach vorne und nach hinten schaute. Der Junge glaubte offenbar, ganz alleine im Wald zu sein, denn er murmelte vor sich hin und sprach mit sich selbst: »Wo sind denn nur die Pilze? Es sollte heut' Abend doch Knödel mit Pilzen geben .«. Vor Schreck hätte unser Fliegenpilz beinahe einen Tannenzapfen verschluckt. »Meine Freunde warnen!« schoß es ihm durch den Kopf. So rasch es ging, eilte er zur Höhle des schnellen Wiesels. Das hilfsbereite Pelztierchen war gleich bereit den Champignons, Bovisten, Maroni – kurz gesagt allen – Bescheid zu geben und wie der Blitz sauste es davon.

Atemlos und keuchend berichtete das Wiesel etwa fünf Minuten später, dass jeder sich versteckt habe. Jeder?

Der Knollenblätterpilz nicht. »Keiner wird so blöd sein, ausgerechnet mich zu pflücken, wo ich doch der giftigste und gefährlichste Bursche im ganzen Wald bin«, hatte der Knollenblätterpilz nicht ohne Stolz geprahlt.

Aber das stimmte nicht. Der Junge war vielleicht enttäuscht oder gar ärgerlich, und er wollte unbedingt mit einem gefüllten Korb heimkehren. Kaum hatte er den Giftpilz gesehen, packte er ihn und ›schwupp!‹ steckte der Angeber in dem geflochtenen Behälter. »Oh je«, jammerte der kleine Fliegenpilz leise vor sich hin. Er sah den Buben, seine Geschwister und Eltern schon mit Blaulicht in das nächste Krankenhaus rasen. Und während der Bubi aus der Stadt, der nicht einmal ahnte, welche Fracht er mit sich trug, heimwärts schlenderte, überlegte der Fliegenpilz scharf und zog vor lauter nachdenken richtige Falten auf der Stirn. Dann aber hatte er eine Idee und ohne zu zögern rannte er in Richtung Fuchsbau.

Fröhlich pfeifend und singend trat der Junge aus dem Walddickicht ins Freie. »Es gibt keine Kartoffeln, keine Sülze, sondern leckere, gute Pilze...«, trällerte er. Da passierte es: wie zwei Pfeile schossen die Füchslein zwischen Sträuchern und Gräsern hervor, rempelten den überraschten Jungen an und brachten ihn zu Fall. In hohem Bogen fliegen, wie du siehst, Korb und Knollenblätterpilz davon. Ein Fuchs trug das giftige Ding fort und der zweite erzählte dem Fliegenpilz, was geschehen war. »Ob der Junge weiß, dass wir ihn vor einem großen Fehler bewahrte haben?« fragten sich alle zum Schluss.

Am Teich

»Diese Hitze«, so stöhnten die Tiere und alle Einwohner des Waldes seit nunmehr einer Woche.

Wie ein feuriger Ball hing die Sonne am Himmel, keine der Wolken, die mit Ihrem Regen Wasser und Kühlung schenken, war zu sehen.

Schnecken und Regenwürmer, die zum Leben viel Feuchtigkeit brauchen, hatten sich in schattigen Ecken und Winkeln verborgen, denn die Pflanzen tranken den morgendlichen Tau sogleich weg.

Gut, dass es ein Stück hinter den Buchen, neben den Felsen, den See gab! Füchse und Rehe, Eichhörnchen und Kaninchen litten so wenigstens keinen Durst.

Dem Uhu fiel ein, dass der Teich noch zu etwas anderem zu gebrauchen war. Er schwebte daher, als die Sonne wieder vom Himmel brannte, auf die Lichtung neben der hohen Tanne und verkündete: »Heute gehen wir schwimmen«. Voller Freude über diesen guten Einfall klatschten die Tiere und Pilze Applaus, und eine halbe Stunde darauf schallte das Gekreisch und das Gejauchzte der Badenden fast durch den ganzen Wald.

Besonders mutige oder geschickte, wie unser kleiner Fliegenpilz, tauchten sogar und die Fische rieben sich vor Staunen, angesichts der merkwürdigen Gäste im See, die Augen.

So hatten alle ihren Spaß, bis auf...? Ja, bis auf das Kaninchen. Es stand abseits, sprang nicht in das erfrischende Nass und schüttelte nur den Kopf, wenn seine Freunde ihm zuriefen, doch auch in den Badeteich zu hüpfen. Schließlich wurde es dem Bovist zu bunt. »Ich denke, du bist wasserscheu!«sagte er neckend zum Kaninchen und er nahm seine Freunde, die Pilze, beiseite und fuhr fort: »Wir steigen jetzt auf den Felsen da und ....«. Mehr verstand man nicht, weil er zu flüstern begann und die Kameraden gleichzeitig kicherten.

Mühselig und schnaufend kletterten sie den Felsen empor, der für Bovist, Champignon und Fliegenpilz ein Rieseberg war. »Eins, zwei, drei« kommandierte jemand von ihnen und dann ? Aber schau selbst auf der folgenden Seite.

In einer hohen Fontäne spritze das Wasser auf, als die kühnen Springer in den See hechteten. Und das Kaninchen erhielt eine Dusche, sodass es klitschnass und triefend am Ufer stand.

Doch wer den Schaden hat, braucht für den Spott nicht zu sorgen: begossen stand es da, Bächlein von Wasser liefen an ihm herab, während der Fliegenpilz und seine Kumpanen sich vor Lachen schier ausschütteten.

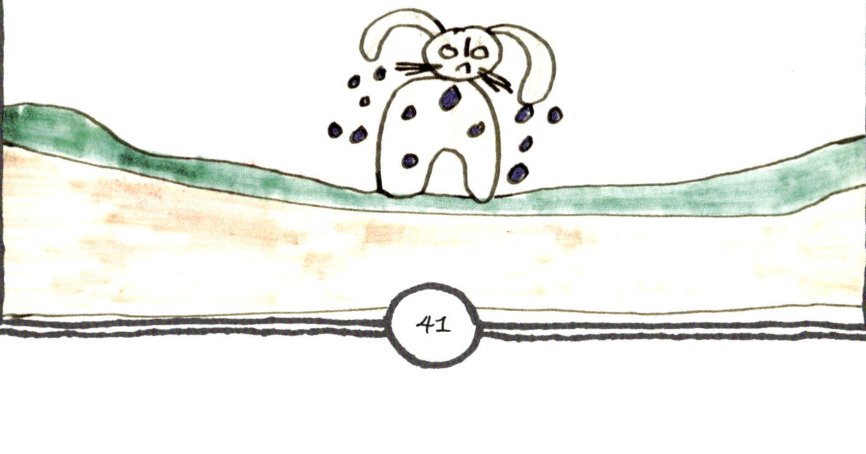

Weiter mit einem Pilzgedicht:

Pilzgedicht

Zwei Pilze wandern durch die Nacht
Vorbei an vieler Sterne Pracht
Fällt mild das Mondlicht
Still und heiter
Auf Ihrem Waldweg
Und so weiter.

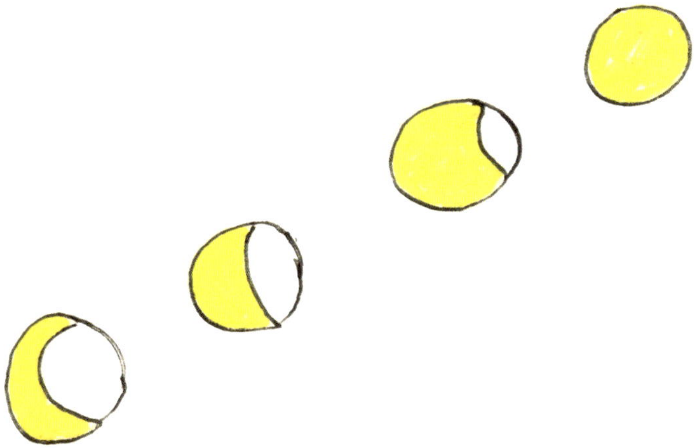

Das Gewitter

Keiner im Wald erinnerte sich so recht, wann es zuletzt geregnet hatte. Dabei lechzten die Tannen, Fichten und Sträucher nach Wasser und auch die anderen Waldbewohner hofften, bald erfrischt zu werden.

Endlich ballten sich am Abend dunkle Wolken über den Wipfeln. Schwer und schwül hing die Luft, kein Windhauch rührte sich. Die Tiere und Pilze schlüpften auf Rat des klugen Uhus in Höhlen und Verstecke und da ging es auch schon los:

Der plötzlich einsetzende Sturm heulte und pfiff, Tannen bogen sich unter seinem Aufprall, Zweige und dürre Äste, Blätter und trockene Tannenzapfen wirbelten herum. Blitze zuckten aus den Wolken zur Erde nieder, erleuchteten den Wald für Augenblicke taghell und wurden vom schmetternden Knall und dumpfen Grollen des Donners begleitet. Still und ängstlich wartend saßen der Fliegenpilz und seine Freunde daheim, bis endlich, endlich, der Regen in großen, klatschenden Tropfen zur Erde fiel und das Gewitter langsam in der Ferne verschwand.

Nun trauten sich alle wieder vors Haus. Man sammelte die Dinge auf, die der Sturm abgebrochen und mit sich getragen hatte.

Doch mit einem Male hielten Tiere und Pilze bei der Arbeit inne. Ein kleiner Champignon mit einem seltsamen Gerät zog die Blicke auf sich und voller Wissensdurst drangen die Freunde den Champignon zu sagen, was es damit auf sich habe. »Das ist ein Fangnetz«, erklärte das Pilzlein gewichtig. »Oh ja, beim nächsten Gewitter schnappe ich mir damit einen Blitz und trage ihn heim. Dann haben wir in der Nacht eine ständige Beleuchtung im Wald und wer spazieren geht, läuft nie mehr gegen einen Baum!«

Verstehst du, warum Tiere und Pilze daraufhin so lauthals lachten und selbst der Uhu lächelte? Denn schließlich hatte der kleine Champignon es nur gut gemeint.

Das Labyrinth

Der kleine Fliegenpilz erwachte, rieb sich die Äugelein und gähnte. Dann sprang er aus dem Bett und begann den neuen Tag.

»Ob Papi noch schläft?« dachte er und beschloss seinen Vater notfalls zu wecken, und wie so oft mit ihm zu spielen.

Papi Fliegenpilz wusch sich erst am Bach und prustete ordentlich dabei. Kaum war er fertig, da verriet er seinen Plan, heute mal keine Stadt aus Tannenzapfen und keine Holzbrücke über dem Bach zu errichten sondern etwas Neues zu probieren. »Aber dafür«, meinte er, »sammeln wir eine Menge Fichtennadeln, die auf dem Waldboden liegen«.

Fleißig trugen die beiden die gewünschten Nadeln herbei und schichteten sie zu einem großen Haufen.

Als sie fertig waren, ruhten sie sich für einen Moment aus und anschließend durfte der kleine Fliegenpilz nicht mehr zusehen, was sein Vater tat. Der bastelte, schritt hin und her, murmelte des Öfteren »Hm« und machte ein Geheimnis aus seinen Absichten. Es schien dem Jungen wie eine Ewigkeit, bis ihn der Vater wieder rief. »Was das ist?« sagte er, als er den kleinen Fliegenpilz ratlos sah, »man nennt es ein Labyrinth, ein Labyrinth aus Fichtennadeln. Wie findest du zur Butterblume?«.

NICHT WACKELN,
BOVIST!

Feuer

Man war sich einig: diese Familie, die heute auf der Wiese unweit des Kaninchenhauses Picknick machte, zeigte wirklich Vernunft. Gewiss, die Kinder sprangen nach dem Essen und Trinken lustig zwischen den Bäumen herum, doch sie brachen keine Zweige ab, störten die Vögel nicht beim Brüten und aßen keine Beeren, deren Namen sie nicht kannten.

Freilich, ein kleines Missgeschick geschah dennoch. Als der Junge und das Mädchen eifrig Verstecken und Räuber und Gendarm spielten, zerbrachen sie eine Saftflasche. Vater und Mutter schimpften nicht, denn auf der Stelle sammelten die Kinder die Scherben in eine leere Papiertüte und bald darauf verließ die Familie den Picknickort. Wer hatte schon die kleine, wie ein Brillenglas gebogene Glasscherbe bemerkt, die in Gräsern und trockenen Zweigen des Unterholzes zurückblieb!

Höher und Höher stieg die Sonne; es wurde wieder ein heißer Tag und als die Mittagszeit herannahte, lagen Tiere, Pilze und Käfer matt und schnaufend im Schatten. Nur ein Schmetterling gaukelte in der Luft und als er auf dem Boden etwas Helles und Glänzendes sah, flog er neugierig heran. Was mochte das sein? Ein Wassertropfen, ein Edelstein? Gerade hatte der Schmetterling beschlossen, den Uhu um eine Erklärung zu bitten, da sah er feinen, gekräuselten Rauch von dem blinkenden Ding hochsteigen und ein Windhauch brachte eine kleine Flamme zum Züngeln.

»Feuer, Feuer!« piepste der Schmetterling so laut er's mit seinem dünnen Stimmchen vermochte. Zum Glück schliefen Pilze und Tiere nicht sehr fest. Wie von einer Nadel gestochen fuhren sie hoch, bemerkten den Qualm und die Flammen und – das soll ruhig gesagt werden – die meisten liefen ziellos, wie aufgescheuchte Hühner herum und jammerten: »Wenn der Wald abbrennt, so was Schlimmes....«

Gut, dass wenigstens der Uhu nicht den Kopf verlor und das Kommando übernahm! »Eichhörnchen« donnerte er los, »leere Nussschalen her! Die schnellsten Läufer zum See! Schöpft Wasser und bildet eine Kette! Rasch, rasch! Die Pilze zum Löschen an die Flammen! Vorsicht, Bovist, so nahe nun auch wieder nicht! Alle Vögel nehmen die dürren Zweige aus Flammennähe! Beeilt euch!«

Es war eine harte und mühevolle Arbeit. Da gab es kein Ausruhen, Pause machen und Gerede, nein, jeder mühte sich nach Kräften. »Obacht« riefen die Füchslein, wenn sie mit einer Nussschale Wasser vom See herbeiholten. »Hau Ruck« ertönte es bei den Pilzen, die das Nass mit hohem Schwung in das Feuer schütteten. »Beeilung!« trieb der Uhu sie an, »nicht müde werden und nicht nachlassen!«

»Geschafft« stöhnte der kleine Fliegenpilz nach einer Zeitspanne, die ihm wie eine Ewigkeit erschien. Dunkel und von Flammen geschwärzt sah er wie ein kleiner Afrikaner aus, doch dank des Uhus und der tatkräftigen Hilfe aller Freunde war die Gefahr vorbei.

Ein jedes Kind den Spruch hier kennt:
Gefählich für den Wald, wenn's brennt.
Soll es nicht lodern, qualmen rauchen,
heißt's vorsichtig das Feuer brauchen

Das faule Eichhörnchen

Der Sommer neigte sich langsam dem Ende zu. Gewiss, noch schien jeden Tag warm und hell die Sonne und die Blätter an den Eichen, Buchen und den Sträuchern hatten sich nicht verfärbt. Für manche Tiere wurde es jedoch Zeit, an den langen und kalten Winter zu denken, in dem der Frost und seine weiße Decke aus Schnee den Gang vor die Tür und die Essensuche verhinderten. Manche von ihnen, zum Beispiel der Dachs und die munter durch Äste und Blätter huschenden Haselmäuse, würden gar für lange, lange Tage im Warmen bleiben und schlafend dem nächsten Frühling entgegen träumen.

Vorher aber galt es, fleißig und emsig genügend Nüsse, Beeren, Bucheckern und Tannen-

zapfen zu sammeln, damit die gefüllten Kammern und Höhlen dem Magen über die Monate des Winterschlafs hinweghalfen.

Neben den anderen Tieren machten sich in diesen Wochen auch die Eichhörnchen ans Werk. Geduldig trugen selbst die Kleinsten Essbares zusammen und versteckten die Vorräte in Astlöchern und Felsspalten. Eines der lustigen Pelztiere aber zog es vor, reinweg nichts zu tun. Es kletterte auf die Wipfel der Bäume, ließ sich vom Wind schaukeln und beobachtete die Bussarde und Sperber, die am Himmel ihre Kreise zogen.

Seine Kameraden, die sich über das faule Eichhörnchen mächtig erbosten, traten auf der Lichtung zusammen und beredeten, was man sich einfallen lassen konnte, um dem Burschen dort oben eine Lehre zu erteilen. Der kleine Fliegenpilz, der gerade einen Mittagsspaziergang unternahm, sah die Versammlung und bot seinen Rat an. Begeistert stimmten die Eichhörnchen zu und der Rabe wurde mit einem kurzen Brief zum ... Doch das soll nicht verraten werden.

Unser Faulpelz auf der Tannenspitze merkte, dass er langsam hungrig wurde. »Jetzt hinunter und einige saftige Beeren oder knackige Haselnüsse schnabulieren«, dachte er; »wenn nur das lästige Suchen nicht wäre und die Anstrengung!« Missmutig machte sich das Eichhörnchen daran, sein Essen zu pflücken und zu diesem Zweck stieg es vom Wipfel herunter.

»Halt!« wie auf einem Tablett oder auf einem fertig gedeckten Tisch prangten sechs besonders große und ganz sicher wohlschmeckende Nüsse direkt vor seiner Nase. »Hinlangen, zugreifen« hieß es da und ohne viel zu überlegen, wer die leckeren Sachen so verlockend aufgetürmt hatte, sprang das Eichhörnchen vor und... autsch! Autsch!

Ja, der kleine Fliegenpilz und die fleißigen Sammler hatten eine Falle gebaut! Der Igel war es, den man durch den Briefträger hatte rufen lassen. Der stachlige Geselle kannte die Wichtigkeit von Vorräten sehr genau, so dass er begeistert mitmachte, als man eine Grube aushob, sorgfältig Blätter darüber legte und die Haselnüsse als Köder benutzte.

Der Faulpelz hatte seine Lektion gelernt und er versprach von nun an bei der Arbeit zu helfen und als Belohnung zog ihm der kleine Fliegenpilz ein paar Stacheln aus dem Hinterteil.

Lied der Sammler

»Hört zu ihr lieben Freunde, seht,
wir rackern hier von früh bis spät.
Denn an den kalten Wintertagen
knurrt es mächtig in unseren Magen.

Wollen wir uns satt erfreun
heißt es jetzt schon fleißig sein.
Voller Nüsse hängt der Busch, drum ans
Werk nun, husch, husch, husch.«

Ein Traum

Die Sonne versank hinter den Wipfeln der hohen Tannen und wie eine Decke breitete sich die Dämmerung und Dunkelheit über den Wald.

Längst hatte sich der kleine Fliegenpilz das Bett gebaut: weiches Moos und Gräser als Unterlage, darauf ein gegen Nässe und Kälte schützendes Blatt. Ein letztes Gähnen und der Fliegenpilz kuschelte sich wohlig seufzend und tief in sein gemütliches Lager. Ringsum kein Laut, nichts bewegte sich und allenfalls das Rascheln der Zweige im Wind und das Knarzen der dicken Stämme durchdrangen die Ruhe der Nacht. Der kleine Fliegenpilz schlief und es war ihm, als stiegen mit einmal Farben, Formen und Bilder herauf, die in seiner Erinnerung gewohnt hatten.

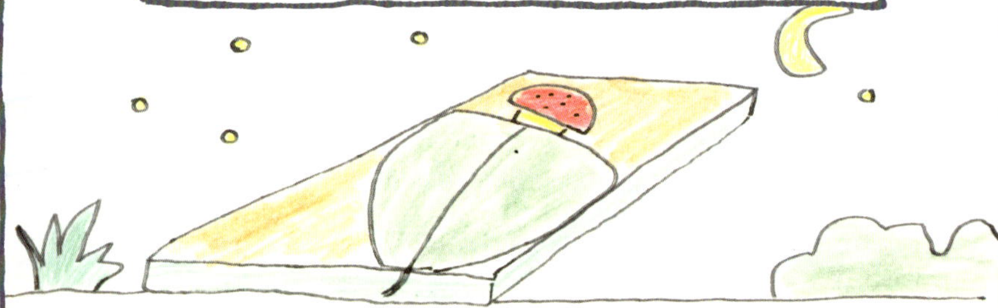

Eine Stimme, ein Lächeln, Arme, die ihn getragen und bei seinen ersten Schritten gestützt hatten, Geschichten, Spiele und Trösten bei Kummer und Schmerz. Das Hüpfen von Steinen auf dem Wasser, das Klettern auf Felsen und Gleiten durch den Schnee. Und der kleine Fliegenpilz erwachte, schaute in die Nacht und er fühlte sich wie jemand, der einen Verlust erlitten hatte und sich abfinden musste, dass es nie mehr sein würde.

Erst nachdenken

Eigentlich bot dieser Tag im Wald nichts besonderes, es sein denn, dass der Herbst nun herannahte und häufig dunkle Wolken über den Himmel zogen, die Bäume und Sträucher ordentlich durchrüttelten und die ersten Blätter, die sich goldbraun verfärbten, von den Ästen lösten.

So ging alles seinen Gang: die Eichhörnchen ergänzten ihre Vorräte, Wiesel und Füchse polsterten ihre Höhlen zum Schutz gegen die klatschenden Regentropfen trocken aus und der kleine Fliegenpilz beobachtete, wie im feuchten und fruchtbaren Boden neue Champignons und Pfifferlinge sprossen.

Die beschauliche Ruhe wurde jedoch um die Mittagszeit vom Kaninchen unterbrochen, das aufgeregt wie eh und je von einem Freund zum anderen stürmte und die folgende Geschichte zum Besten gab:

Es habe ein seltsames Tier getroffen, nein, keinen Hund oder Katze oder was die Menschen auch sonst noch so in den Wald zum Spazieren mitnähmen. Das Tier sei ganz allein gewesen und ein wenig habe es den Mäusen geähnelt: grau-braun mit scharfen Nagezähnen, einem langen Schwanz, es pfiff und schlau habe es drein geschaut mit seinen gelben Augen.... »Na«, sagte der kleine Fliegenpilz, »dann wird es eine Ratte aus der Stadt gewesen sein.« Unser Freund ahnte nicht, wie er das Kaninchen mit seinen unbedachten Worten erschreckte. »Eine Ratte« schrie es in höchsten Tönen, »pfui, in unserem hübschen und ordentlichen Wald! Diese schmutzigen, stinkenden, habgierigen, stehlenden....«. »Moment«, unterbrach der Uhu, der sich hinzugesellt hatte, das schimpfende Tier. »Woher hast du denn all diese Weisheiten?« »Da fragst du noch?«, empörte sich das Kaninchen. »Es weiß schließlich jeder, wie ekelhaft und fremd und heimtückisch sie sind ....so ganz anders....eben fremd.« »Ich merke schon, dass du keine Ahnung hast«, sagte der Uhu mit einiger Schärfe und wandte sich dem Fliegenpilz zu. »Schicke bitte unseren Briefträger von Haus zu Haus, von Tür zu Tür. Heute Abend ist Schule. Da kriegen die Leute etwas beigebracht, um wirklich mitreden zu dürfen. Nicht wahr liebes Kaninchen?«

Kurz darauf flog der Rabe davon. Alles, was Füße zum Laufen, Flügel zum durch die Luft-schwirren oder auch nur seinen Körper zum Kriechen besaß, war auf der großen Waldlichtung versammelt. »Ruhe« brüllte der Bovist, als der Uhu, der Lehrer schrie. Und weil die Champignons und Füchslein noch weiter schnatterten, schwang der Bovist eine Glockenblume, bis Stille herrschte.

»Die Ratten« begann der Uhu feierlich und wies mit seinem Zweigstock auf das Lindenblatt, das als Tafel diente, » die Ratten sind tapfere Gesellen. Sie helfen einander, sie arbeiten, kämpfen und wohnen alle zusammen. In früheren Zeiten sind sie mit Segelschiffen gar mutig

über das Meer bis Afrika und Amerika gefahren.« Die Tiere sahen sich verblüfft an. »Sie teilen das Essen und warnen sich vor Gift, sie räumen für Menschen Abfälle weg und schleppen für Alte und Kranke Futter heran. Und wie rasch sie lernen! Alles, was sie entdecken und herausfinden geben sie bekannt und sie sind ganz liebevoll zu ihren Kindern. Sie wehren sich nur, wenn man sie angreift!« Die Tiere und Pilze waren mucksmäuschenstill. Manch einer, der wie das Kaninchen vorschnell und ohne nachzudenken geurteilt hatte, schämte sich. Doch das Kaninchen bewies, dass es aus dem Vortrag des Uhus nicht nur eine Menge über die Ratten gelernt hatte. »Ich mache es wieder gut«, sagte es entschlossen. »Ich hoppele persönlich in die Stadt und lade die Ratten in mein Haus ein, auch wenn mich dreimal der Hund frisst oder das Auto platt fährt oder....« Das Kaninchen schniefte. »Na«, sagte der Uhu, »das verlangt niemand im Ernst von dir. Wir schicken natürlich den Raben.« Und ringsumher bebten die Wipfel vom lauten »Bravo!"

Herbst im Wald

Überall im ganzen Wald
zeichnet nun der Herbst recht bald
Blätter, Sträucher, Farne
ganz mit braunem, gelbem, goldenem Glanz.

Im kühlen Wind sich Äste wiegen,
die sich unter Nüssen biegen.
Tannenzapfen, rund und schwer,
jeden Morgen sind es mehr,
fallen reif und prall zur Erde,
dass eine neuer Baum draus werde.

Pilze wagen sich hervor
und es tönt der Vögel Chor:
»Sammelt für die Winterzeit,
wenn der Schnee mit weißem Kleid
deckt den guten Boden zu,

sammelt für die Winterruh,
wenn die Knospen an den Bäumen
schlafend von dem Frühling träumen.«

Schiff Ahoi!

Noch tagelang gingen die Erklärungen des Uhus dem kleinen Fliegenpilz im Kopf herum. Beinahe jeden Abend, wenn er in sein Bettchen schlüpfte, malte er sich aus, wie die mutigen Ratten über das Meer zu segeln, mit einem prächtigen Schiff in den Wellen zu schaukeln, auf

den höchsten Mast zu steigen und als Pirat der Schrecken aller fetten Koggen und Barken zu sein. »Und vor dem Klabautermann hätt ich bestimmt keine Angst« redete er sich ein.

Seine Freunde spürten, dass er gedrückt und traurig war, oft stumm am Seeufer hockte und in die Wellen blickte, in denen Stöckchen und Hölzer tanzten. Es gehörte wenig dazu sich vorzustellen, woran der kleine Fliegenpilz dachte.

Schließlich wurde es den Eichhörnchen zu bunt: wollte ihr Kamerad denn nicht mehr lachen, spaßig sein und voller Freude im Wald leben? Alle Versuche, den kleinen Fliegenpilz aufzumuntern, schlugen fehl. Was blieb – sei ehrlich –

den Eichhörnchen übrig, als ein Segelschiff zu bauen? In die größte Nussschale die sich auftrieben ließ, setzte der Sprecht als Waldzimmermann einen stolzen Mast, an dem sich ein Buchenblatt als Segel stolz blähte. Die Spinnenkinder machten Taue am Schiffsrumpf fest und mit viel »Hau Ruck« und »Zuuuu-gleich!« zogen und wuchteten die Stärksten der Stärken das Schifflein zum Wasser. Kaum hatten sie dort das Schifflein sicher vertäut, so stolzierte der Bovist gewichtig zum Fliegenpilz, der in Gedanken und Wunschbilder versunken am Stamm einer Tanne lehnte. »Herr Kapitän« sprach der Bovist und verneigte sich dabei tief, »Euer Schiff liegt vor Anker bereit. Ihr werdet gebeten an Bord zu gehen und in See zu stechen.«

Der kleine Fliegenpilz wollte seinem Freund erst kein Wort glauben, aber dann marschierte er folgsam hinter dem Bovist drein bis ans Ufer. War das eine Überraschung! Wie ein alter Seebär schipperte der kleine Fliegenpilz auf dem Teich und je höher die Wellen schlugen, desto besser! »Ruder hart Steuerbord« kommandierte der Kapitän, »Brahmsegel reffen, zwei Mann auf die Gaffel; Steuergast auf die Brücke!« und so befahl und ordnete er an bis er ganz heiser war und wie der Briefträger krächzte. Und rate mal was er die Nacht träumte:

Ganz recht!

Der Ballonfahrer

Sie hatten dem Raben keine Ruhe gegönnt, die Tiere und Pilze, bis er damit herausrückte: »Die Musik, die leise von der Menschenstadt zu uns in den Wald herüber weht, ist von der Herbstkirmes. Man nennt dieses Fest auch Plärrer. Kinder und Erwachsene vergnügen sich auf Karussells, essen Zuckerwatte, Schaukeln bis fast in die Wolken hinauf....« Die Freunde wurden nicht müde, den stadtkundigen Raben zu lauschen. So waren sie bei dem aufgeregten Tschilpen des kleinen Finken beinahe zornig, bis sie genau zuhörten und den Kopf schüttelten.

Was? Ein Ding, das ohne Flügel in der Luft bleibt? Rund wie ein Ball? Sie glaubten der Fink mache sich ein wenig lustig über sie. Aber da war es! Es näherte sich mit dem Wind, zog tatsächlich weit über ihren gereckten Köpfen dahin und der Vogel hatte in der Tat nicht geschwindelt: ein rundes Etwas mit einem dünnen, langen Schwanz.

Während sie beratschlagten, was das sein mochte, geschah etwas noch viel Seltsameres: das komische Ding blieb über einem Baum stehen und es hielt sich – hat man sowas schon gesehen – mit dem Schwanz an einem der Äste fest!

»Pssst« flüsterte der Steinpilz. »Wer weiß, vielleicht beißt es oder ist sonst wie gefährlich«. »Ach was«, gab der Bovist zurück, »es sagt keinen Ton, knurrt und faucht nicht wie die Wildkatze oder ein wütendes Füchslein«. »Ob wir näher herangehen und es selbst fragen?« wisperte der Fink. Die Tiere stupsten sich gegenseitig an: »Geh du voran«. »Ich nicht« beteuerte das Kaninchen, »ich bin zwar ein Kaninchen und kein Angsthase, ja, eher ein rechter Draufgänger und fürchten tu ich mich vor nichts, doch gerade heute....ich weiß nicht, ich spüre so ein Ziehen und Kribbeln und Reißen im Rücken und mein Bauch zwickt und Halsschmerzen habe ich auch und einen verstauchten Fuß und eine schwere Erkältung«. Und das Kaninchen humpelte mühsam ein paar Schritte und nieste.

Die Tiere blickten sich an. Jeder hielt krampfhaft sein Lachen zurück. »Was steht ihr denn nutzlos herum?« ereiferte sich der kleinste Champignon. »Vom Reden alleine lernen wir das merkwürdige Tier nicht kennen.« Und bevor ihn jemand hinderte, stieg er auf den Baum. » He, du! Wie heißt du? Was möchtest du im Wald?« Nichts, keine Antwort.

»Sag schon, oder hast du deine Zunge verschluckt?« Schweigen.

»Sprichst du kein Deutsch? Oder bist du zu fein, um mit mir zu reden?« Stumm verharrte das fremde Tier an seinem Platz. »Du, ich zupfe dich am Schwanz wenn du nicht sofort einen Ton von dir gibst!« drohte der Champignon. Und als der Fremdling weiterhin stumm blieb wie ein Fisch im Teich, packte der kleine Champig-

non den dünnen Schwanz ganz fest und zog mit aller Kraft daran. »Oh weh, Hilfe!« Wie von Geisterhand löste sich das Tier vom Ast, stieg auf, höher und höher, flog über Wipfel, Felsen und Sträucher. »Rettet den Champignon!« so rief man ringsum, »das Tier nimmt ihn mit zu seinem Nest, helft dem Pilz, entreißt ihn den Klauen dieser Bestie!« Als Füchslein, Eichhörnchen, Bovist, Kaninchen und Fliegenpilz für einen Augenblick Pause machten um frische Luft zu holen, machte es hinter ihnen »Plumps«. Erschrocken drehten sie sich um: der Rabe war zu Boden gefallen, er wand sich auf der Erde, schlug mit den Flügeln, sträubte sein Gefieder und prustete: » Schluss, aufhören, ich explodiere!« Kaum hatte er sich ein bisschen gefangen, da flatterte er in den Herbsthimmel, fasste das unbekannte Tier, das ganz willig und freundlich folgte, am Schwanz, und er setzte es mitsamt dem Champignon sacht neben dem Haselnussstrauch nieder.

Der kleine Pilz war kalkweiß im Gesicht. »Wie wars?« stürzten die Freunde auf ihn los. Hastig und oft stockend, dann ruhiger berichtete der kleine Pilot von seinem Abenteuer. Nachdem er zu Ende geredet hatte, meldete sich der Bovist mit »Hm, hm, äh, oh« zu Wort und fragte, als sich ihm alle Augen zuwandten: »Wie hieß nun dieses Tier eigentlich?« »Das wird nicht veraten« sagte der Rabe geheimnisvoll, »doch es stimmt, in der Stadt gibt es wirklich ganze Nester und Schwärme davon.«

Der diebische Hamster

Eichhörnchen und Haselmäuse hatten nicht jeden Tag einen solchen Spaß wie in der letzten Geschichte. Meist abeiteten sie für den Winter, so dass sie vor Anstrengung ins Schwitzen gerieten und abends wie die Kartoffelsäcke todmüde in die Beten fielen.

Dabei schleppten sie die Nüsse, Beeren, Samenkörner, Tannenzapfen und Bucheckern nicht einzeln, nicht Stück für Stück in Höhlen, Felsspalten und Baumlöcher. Nein, sie schichteten Haufen auf, die sie gemeinsam abräumten, wenn die Sonne sank und die Nacht heran dämmerte. Seit heute Morgen aber geschah es, dass viele Vorratsberge auf einmal wie von der Erde verschluckt und nicht wieder zu entdecken waren. Man schickte ein Füchslein als Boten aus und er entlockte einer Blaumeise den Namen des Täters: es war der Hamster.

Heimlich hatte der sich die Sachen geschnappt und war damit in seiner geräumigen Höhle verschwunden.

Die Tiere verabredeten, dem Räuber einen Denkzettel zu erteilen. In der Frühe des folgenden Tages traf man sich in der Nähe des Hamsterbaus. Mit vereinten Kräften rollte man einen schweren Feldstein über den Eingang.

Vom Lärm und von den Rufen erwacht, stand der Hamster gähnend und sich reckend von seinem weichen Strohlager auf und wollte hinauf an das Tageslicht. Aber die Tür war verschlossen und verriegelt und so sehr er auch schob und stemmte: der steinige Brocken rührte sich nicht vom Fleck. Erst als der Hamster fest versprochen hatte, keine fremden Vorräte mehr stehlen, gaben ihn die Freude frei. Sollte der Nager ruhig für seinen Winterspeck sorgen, doch alleine!

Eine richtige Uhr

Heute war es soweit: die Ratte war der Einladung des Kaninchens gefolgt und wollte gegen Mittag zu Besuch im Wald erscheinen. Ungeduldig trat das Kaninchen von einem Fuß auf den anderen und dauernd blickte es zum Himmel, ob nicht die Sonne den höchsten Stand anzeigte und die Stunde des Besuchs herannahte.

Die Ratte war pünktlich. Nach dem man sich herzlich begrüßt und Geschenke und Mitbringsel ausgetauscht hatte, nahm man am Tisch Platz, unterhielt sich und tauschte die Neuigkeiten von Stadt und Wald aus. Dabei erwähnte die Ratte, dass sich die Tiere in der Stadt nicht groß anzustrengen brauchten, um nie verspätet zu sein. Wozu schmückt die große Uhr mit den langen Zeigern den Kirchturm?«

Da waren manche Tiere nun doch leicht neidisch: so etwas besaßen sie zwischen Tannen, Sträuchern und Felsen nicht und was hätten sie darum gegeben.

Die Ratte trank nach dem Mahl ein letztes Glas Wasser und klopfte mit einem Stock gegen den Rand des Gefäßes: »Kling«, und sofort verstummten ringsumher die Gespräche und das angeregte Geplauder. Mitten in die fragenden Gesichter und Blicke sagte die Ratte: » Wenn euch eine Uhr so gefällt, hält mich nichts davon ab, euch eine zu basteln. Wer möchte mein Gehilfe sein?« »Ich, ich, nimm mich« überschlugen sich die Stimmen. »Gemach, gemach« beschwichtigte die Ratte die eifrigen Tiere und sie fuhr fort: »Die Pilze sollen mir einen glatten und langen Stab bringen und die Eichhörnchen zwölf Tannenzapfen.«

Hurtig eilte man davon und nur einen Lidschlag später waren die gewünschten Dinge bereit. Prüfend musterte die Ratte Wolken und Himmel und dann steckte sie den Stab senkrecht in das Gras.

Im Kreis wurden die zwölf Tannenzapfen gleich den Ziffern einer Wand-oder Armbanduhr um den Stecken gruppiert. »Merkt ihr was?« wandte sich die Ratte an die Gastgeber. »Gewiss, der Schatten des Stabs weist genau auf einen der Zapfen« rief das Wiesel vorwitzig. »Eben«, schloss der Besucher zufrieden, »das nennt man eine Sonnenuhr.« Und in das Staunen der Tiere sprach die Ratte ein Gedicht über die Sonne des Septembers.

Sonne, herbstlich dünn und zag
Und das Obst fällt von den Bäumen.
Stille wohnt in blauen Räumen
Einen langen Nachmittag.

Der Bergsteiger

Im vorigen Frühjahr war es geboren worden, das kleine Eichhörnchen. Lange hatte es mit seinen Geschwistern warm undgeborgen in der Baumhöhle seiner Eltern gelegen, die den sicheren Ort einem Sprecht verdankten. Im Laufe der Wochen wuchs dem Eichhörnchen das kuschelige und Fell dichter, seine Kräfte nahmen zu und endlich durfte es in Begleitung der Erwachsenen die ersten Kletterversuche wagen, in Sträuchern und Hecken, wo es nicht viel ausmachte, wenn das Kind den Halt verlor und in den weichen, durch Tannennadeln und Moos gepolsterten Waldboden plumpste.

Mit jedem Tag der Übung aber vergrößerten sich seine Geschicklichkeit und sein Mut. Gegen Ende des Sommers turnte ein Bursche von Eichhörnchen mit seinen Artgenossen wie selbstverständlich in den hoch emporragenden Wipfeln der höchsten Bäume herum und beteiligte sich am Sammeln der Wintervorräte.

Schon immer hatte der kleine Kletterer sehnsüchtig den Felsen betrachtet, der unweit des Sees, mitten im Wald zum Besteigen reizte. »Nur einmal auf dem Gipfel stehen« dachte das Eichhörnchen und je mehr die erfahrenen Großen vor Leichtsinn und Gefahr warnten, desto größer wurde die Versuchung.

Schließlich gab ihr das Eichhörnchen nach. Unbemerkt von anderen Tieren oder Pilzen trat es an den Fuß des Felsens und stieg von Trittkante zu Vorsprung, von Strauchwurzel zu sicherem Halt. War das eine Mühe, ein Keuchen und Schwitzen! Doch der Blick von oben über

das Meer von Baumkronen belohnte den Bergsteiger für die ganze Mühe.

»Nun wieder heim« sprach das Eichhörnchen nach vielen Minuten des Schauens und Staunen zu sich selbst. Das war hingegen leichter gesagt als getan. Hatte sich der Felsen verändert? War er steiler, rutschiger oder vom Tau der heraufziehenden Abendkühle glatter geworden? Ängstlich wagte sich das Eichhörnchen keinen

Schritt mehr vor oder zurück und als im klar wurde, dass es ohne Hilfe die Nacht an den Felsen gefesselt sein würde, begann es erbärmlich zu weinen. Die Eule, die ja tagsüber meist auf der Eiche nicht weit davon entfernt schlief, erwachte und alarmierte die Waldbewohner.

Was tun? Sollten die Vögel den Bergsteiger huckepack nehmen und sanft heruntertragen? Man erwog Pläne, verwarf sie und überlegte hin

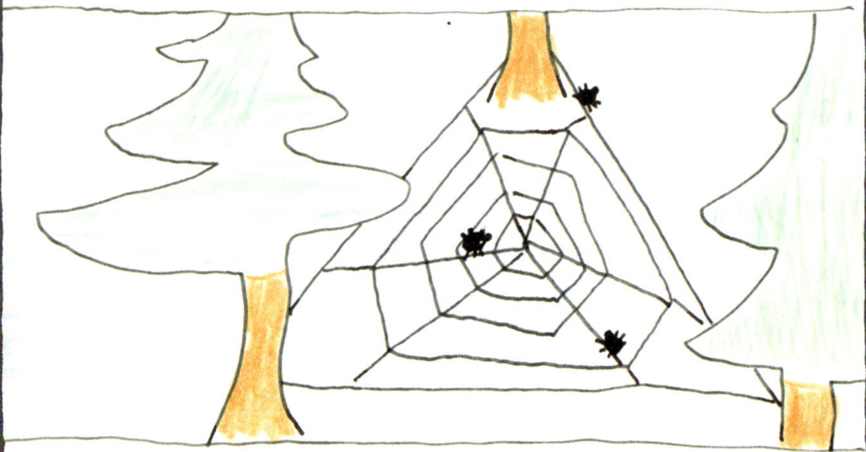

und her. Der kleine Fliegenpilz hatte die rettende Idee: er schickte nach den Spinnen, die in Windeseile ein Netz zwischen den Bäumen am Fuße des Felsens spannten.

»Augen zu, spring!« riefen die Tiere, »nur keine Bange«. Das Eichhörnchen holte tief Luft, schloss die Augen und segelte in hohem Schwung sicher in das Sprungtuch. »Das ging noch einmal gut« waren sich die Tiere einig.

Auf Wiedersehen!

Die mitten in der Arbeit für die kalte Jahreszeit steckenden Tiere hatten es zuerst nicht so recht bemerkt: die Stare, die am See lebenden Gänse, der Storch und noch einige Vogelfamilien waren seit Tagen seltsam gespannt und unruhig.

Sie tuschelten miteinander, steckten die Köpfe zusammen, zeigten häufig erklärend und prüfend auf den Horizont, wo Himmel und Erde

sich scheinbar berühren. Die Jungen, im vorigen Frühjahr geborene Vogelkinder, nutzen jede Gelegenheit, lange in der Luft zu bleiben und zu üben, wie sie auf Fragen entgegneten. »Wofür?« rätselten der kleine Fliegenpilz und seine Freunde. »Die Flugkünste der Stare, Gänse und wie-sie-auch-immer-heißen reichen allemal für unseren Wald«.

»Für den Wald schon«, belehrte sie der Uhu, »doch nicht für Afrika«. »Häh?« Vor lauter sich-wundern fiel den Tieren nichts Besseres ein und der kluge Nachtvogel war abermals mit Erklärungen an der Reihe. Bei seinen Worten vergaßen die Freunde Essen, Trinken und Spielen. Gar zu toll war es, was der Uhu ausmalte.

»Im Herbst reisen Vögel, denen es bei uns zu kalt ist in wärmere Gebiete. Ohne Fehler zu machen fliegen sie nach Süden, über die mit ewigem Schnee bedeckten Gipfel der Alpen, über die Olivenbäume, Pinien und Tempel Italiens, über das blaue Mittelmeer und die endlosen Flächen der von Felsen und Sand gebildeten Wüsten.

»Nach vielen, vielen Wochen treffen sie in den Savannen Afrikas ein und die Stare aus unserem Wald picken ihre Körner neben dem Zebra, dem Elefanten und Löwen.« Die Tiere waren sprachlos und wie betäubt durch diese spannende Erzählung.

Die Vögel dagegen ruhten sich nun aus. Zu Hunderten und Tausenden hockten sie auf Zweigen und Ästen, als ob sie ein letztes Mal vor der großen Reise Kraft schöpfen wollten.

»Heut ist der Tag«, flüsterte es aus dem Rascheln der Blätter, der Stimme des Windes und dem Fallen der Regentropfen. »Heut ist der Tag«. Wie auf ein unsichtbares Zeichen hin erhoben sich die Vögel und die Luft war vom Rauschen der Schwingen erfüllt, der Himmel dunkel von Flügeln. »Auf Wiedersehn«, scholl es den Abreisenden nach und der kleine Champignon rief: »bringt mir ein Nashorn mit«.

Auf Wiedersehen!

Sportwettkampf

Sechs Tage waren seit der Abreise der Zugvögel verstrichen, Tage, in den nichts Ungewöhnliches geschah. Die letzten Früchte und Beeren wurden abgeerntet, die Vorratskammern gestopft, bis diese prall gefüllt waren und um ein Haar überquollen. Niemand würde Not leiden und sei der Winter noch so streng und der Schnee noch so hoch.

Nach der Arbeit sollte heute nun das Erntedankfest gefeiert werden. In der Mitte der Lichtung stapelten die Tiere Gaben, die man bei der Feier miteinander verspeiste: Möhren, Nüsse, Maiskolben, Tannenzapfen und Körner und der Hamster wuchtete gar einen Kürbis heran.

Ungeduldig wischten sich Pilze und Tiere die letzten Krümel aus Barthaaren und Schnauzen. Die Sportwettkämpfe wurden vom Schiedsrichter, dem Uhu, eröffnet. Laufen, Gewichtheben, Hoch- und Weitsprung hießen die Disziplinen. Auch die Schnecken wollten es sich nicht nehmen lassen, ein Rennen auszutragen.

Bei den größeren Tieren siegte – natürlich – das Wiesel vor dem Kaninchen und den Füchsen und im Wettlauf der Pilze unser kleiner Freund vor dem Pfifferling und dem Champignon. Der Bovist hatte nur ein kurzes Stück mitgehalten und schnaufend und keuchend aufgegeben.

Den ersten Platz beim Gewichtheben ging selbstverständlich an die Ameise.

Sehr kurios verlief der Hochsprungwettbewerb. Das Eichhörnchen hatte alle Höhen meisterlich und im eleganten Schwung genommen und sich bereits zur Siegerehrung begeben, da nahm ein kleiner Käfer Anlauf und setzte in hohem Schwung über die Latte.

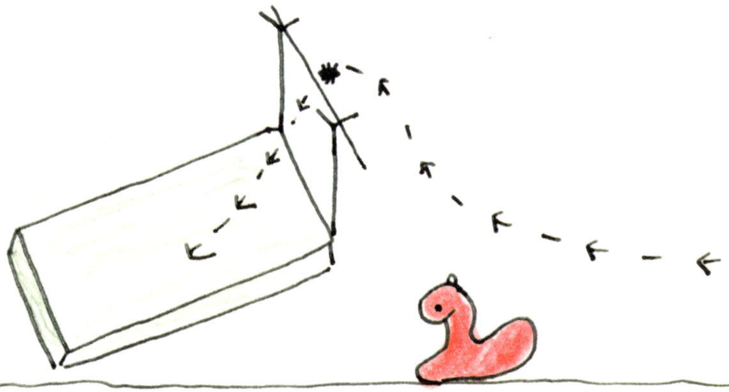

»Den ersten Platz« verkündete der Uhu den Sportlern und dem Publikum, »teilen sich das Eichhörnchen und der Floh!«

Herbst

Der Wind pflückte die letzten Blätter von den Äs-
ten, wirbelte sie in einem lustigen Tanz durch den Wald und schüttelte die kahlen Baumkronen.

Morgens, wenn eine schwach gewordene Sonne aufging – und dies geschah später von Tag zu Tag – brach sie nicht mehr voll Glanz und Macht mit einem Licht, das die Tautropfen wie Saphire,

Rubine und Diamanten funkeln ließ, mit ihrem Strahlen in das Dunkel der Wipfel. Oft dauerte es bis zur Mittagszeit, in der sie den im Frühnebel herumstochernden Tieren und Pilzen den Weg und das Zuhause erhellte.

Welch eine Stille! Der Nebel verschluckte Rufe und das Geräusch von Schritten, er narrte die Ohren und die Augen, denen im milchigen und trüben Weiß die Dinge mitunter fremd und bedrohlich schienen. Sieh nur die Weide am Teich: gleicht sie nicht einem Gespenst?

Vorbei war es mit den lauen Sommernächten, in denen die Leuchtkäfer wie feurige Punkte gaukelten und die Steine und Rinden der Bäume die Wärme des Tages bewahrt hatten. Stattdessen türmten sich dunkle Wolken auf und meist prasselte der Regen in dicken Tropfen auf die Erde, auf die vor Nässe fliehenden Freunde. Der Fliegenpilz war wenigstens so klug, sich mit einem aus Borken errichteten Wetterdach trocken zu halten.

Wohin man auch blickte: Pfützen, Schlamm, feuchter Lehm und Schmutz. Der häufigste Satz, der in diesen Tagen im Wald gesprochen wurde hieß: »Füße abputzen!« Nicht jede Mutter und jeder Vater drückte ein Auge zu wie bei den Wildschweinen, die sich nach Herzenslust im Schlamm suhlten. Die Füchslein zum Beispiel wurden erst einmal zum Waschen geschickt, bevor sie in die Höhle durften. Kein Wunder: man erkannte sie ja kaum unter der Schmutzschicht.

Viele Tiere waren auch nicht mehr zu sehen. Die Ameisen und Schnecken hatten sich in die Bauten und warme Quartiere verzogen. Der Igel, fett vor Winterspeck, ordnete Gräser und Moos für seine Schlafstatt und die Haselmäuse waren schon längst wie vom Erdboden verschluckt. Dem Fliegenpilz und seinen Freunden war, als hätte ein Maler seinen Pinsel in einen Topf getunkt und die Welt grau gestrichen.

In der Felshöhle

Ja, das Wetter und der trübe Herbst drückten einem richtig auf das Gemüt. Der Fliegenpilz wurde durch so viel Matsch und Nässe missmutig. Seit neuestem hatte sich auch das Kaninchen in seinem Haus eingeschlossen, das bis zum Dach mit Möhren und Körnern gefüllt war. »Mit wem spielen?« dachte er heute nach dem Aufstehen, »alle sind entweder in fernen Ländern oder unsichtbar.« Es war zum aus-der-Haut-fahren vor Öde und Langeweile. Zornig versetze der kleine Fliegenpilz einem im Weg herumliegenden Stein einen Tritt. »Aua, autsch« heulte er im gleichen Moment los und rieb sich die schmerzenden Zehen: der Stein saß fest, saß wie angewurzelt, er rührte sich nicht vom Fleck.

»So was« grübelte unser Freund, »Steine sind doch keine Pflanzen oder Bäume, die sich in den Waldboden krallen!« Er untersuchte die Angelegenheit genauer. Wirklich: Steine, Hölzer und Blätter klebten an der Erde und die Erde selbst war mit einem weißen, kalten und dennoch funkelnden Belag überzogen. Und erst die Bäume! Ein Glänzen und Gleißen, wie damals das im Wald vergessene Glasstück. Die Pfützen waren verschwunden und an ihrer Stelle gab es eine spiegelglatte, helle Fläche, auf der man sich schwertat, das Gleichgewicht zu halten. »Alles sehr merkwürdig« sprach der kleine Fliegenpilz zu sich selbst.

Vater und Mutter wussten Bescheid: der Frost war eingekehrt und die Stunde herangenaht, vor der grimmigen Winterkälte in einen gut gewärmten und schützenden Winkel zu fliehen.

Die Erwachsenen Pilze hatten neben dem Lieblingsbaum des Uhus, der alten Eiche, die passende Höhle entdeckt. Noch einmal diente der Rabe als Bote und er rief alle, Groß und Klein, sich auf den Weg zu machen. In einer langen Prozession verschwanden die Pilze im Felsen um sich die langen Monate des Wartens auf den Frühling mit Erzählen, Schlafen und Träumen zu erleichtern und zu verkürzen.

Lebt wohl!